Die Deutsche Bibliothek — CIP-Einheitsaufnahme

Schaefer, Renate:
Im Tal der Frösche / Renate Schaefer. — 1. Aufl. — Erlangen:
Boje Verl., 1993
ISBN 3-414-81843-4
NE: HST

Erste Auflage 1993
Alle Rechte vorbehalten: Boje Verlag, Erlangen
© Text: Renate Schaefer
© Illustration: Renate Schaefer
Gesamtherstellung: Pestalozzi-Verlag, Erlangen

Printed in Germany

ISBN 3-414-81843-4

Renate Schaefer

IM TAL DER FRÖSCHE

Boje Verlag Erlangen

Für AIMI

Jopaas sitzt auf dem Hügel und schaut in sein Tal. Er freut sich, daß es nun fast wieder so schön ist wie früher. Es ist grün, und unten liegt der See, an dem er lebte, als er noch klein war.

An den Tag, an dem das ganze Unglück begann, kann er sich noch gut erinnern. Alle Frösche waren damals am See versammelt. Die Sonne schien, und der große dicke Oberfrosch hielt eine Rede.
„Es ist sehr schwierig geworden, an den See zu hüpfen. Das Ufer ist schlüpfrig und glatt, und man kann sich nur allzuleicht die langen Schenkel brechen."
Alle nickten zustimmend.
„Es ist nun an der Zeit", quakte er, „an die Zukunft zu denken …, eine Mole zu bauen, einen Steg, sozusagen eine Rampe, auf der wir sicher zum See gelangen können."

Diese Idee gefiel den Fröschen gut, außerdem wollte auch keiner von ihnen als rückständig gelten. Viele fanden sich bereit, beim Bau zu helfen.

Aus Matsch und Stroh warfen sie einen Damm auf, den sie zusätzlich mit Kieselsteinen befestigten. So bauten sie einen Weg ins Wasser.

Als dieser Damm fertig war, fanden ihn alle Frösche sehr gut. Es war auch wirklich einfacher geworden, an den See zu gelangen, dorthin, wo es die fetten Mücken, Fliegen und Wasserläufer zu fressen gab.

Der große dicke Oberfrosch lobte die Dammbau-Frösche und fuhr mit bedeutungsvoller Stimme fort: „Der erste Schritt ist getan, nun muß auch der zweite folgen. Wir werden eine Uferstraße bauen, eine Straße rund um den See.

Diese neue Straße wird unser Tal verschönern, und alle werden uns darum beneiden."
Von dieser Idee waren die Frösche ganz begeistert, und viele wollten beim Bau der neuen Straße helfen.

Aber mühsam war es schon! Das Seeufer war lang, die Tage heiß, und die Steine so schwer. Einige der Helfer hätten sich wohl lieber in den Schatten gelegt und ein Schläfchen gehalten.

Doch sie arbeiteten unermüdlich weiter, damit die anderen Frösche sie nicht Faulenzer nennen konnten. Sie wollten ja, daß es alle Frösche leichter und schöner haben sollten.

Eines Tages war die Straße dann endlich fertig. Ein großes Einweihungsfest wurde gefeiert. Alle Frösche winkten mit Blumen, und der große dicke Oberfrosch zerriß ein breites Grasband. Wieder hielt er eine Rede: „Es ist für mich eine besondere Ehre, heute diese Seeuferstraße zu eröffnen. Ich danke den Fröschen, die selbstlos und opferbereit mit Tatkraft und Mut diese Straße gebaut haben."

Alle klatschten, und die freiwilligen Helfer fühlten sich wie Helden. „Was für ein herrlicher Tag", dachte Jopaas und hielt Ausschau nach einem Schmetterling.

Der große dicke Oberfrosch quakte noch lange weiter vom Fortschritt zum Wohle der Frösche des Tals. Wieder klatschten alle, außer den jungen Hüpfern, die schon ins Wasser gesprungen waren, um zu baden.

Keiner der Frösche bemerkte, daß die Mole und auch die Seeuferstraße vor allem für den großen dicken Oberfrosch gebaut worden waren. Denn er und seine faule Bande konnten nun ohne Schwierigkeiten dahingelangen, wo sie sich noch runder fressen konnten. Aber wie gesagt, an solch einem Freudentag kam kein Frosch auf diesen Gedanken.

Kurze Zeit danach kamen einige Frösche des Osthangs zum großen dicken Oberfrosch. „Wir fühlen uns benachteiligt", quakten sie. „Schließlich haben wir von der oberen Wiese den weitesten Weg zum See, und deshalb brauchen gerade wir eine Straße."

„Das ist ein ausgezeichneter Vorschlag", bestätigte der große dicke Oberfrosch. „Baut eine Straße!" Jopaas hörte das und dachte daran, daß er schon lange keine Libellen mehr gesehen hatte.

Als die Bewohner des Nord-, Süd- und Westhangs sahen, daß die Frösche aus dem Osten eine Straße anlegten, wollten sie nicht zurückstehen und bauten auch drauflos. Bald führten vier breite Straßen zum See.

Nun kamen auch andere Frösche auf die Idee, oben an den Hängen Querstraßen zu bauen, damit sie sich leichter besuchen konnten.

Zu dieser Zeit bemerkten einige aufmerksame Frösche des Tals, daß die leckersten Fliegenarten immer seltener wurden. Jopaas gefiel es schon lange nicht mehr in dem Tal, in dem er aufgewachsen war. Er wollte wieder auf einer großen Wiese mit Mücken, Fliegen und Schmetterlingen wohnen, ohne Straßen — und diese Wiese fand er auch.

Im Tal der Frösche wurde fleißig weitergebaut, und es gab immer mehr Verbindungsstraßen. Bald hatte jeder seine eigene Straße, und durch den Bau von Brücken konnten sie noch einige Wege verkürzen. Wiese gab es nur noch wenig im Tal, und Insekten flogen kaum mehr umher. Die meisten Froschfamilien zogen weg. Aus dem See wurde allmählich ein schlammiger, stinkender Tümpel.

Nach und nach mußten auch die baueifrigsten Frösche das Tal verlassen, weil sie kaum noch Futter fanden. Zuletzt blieb nur noch der große dicke Oberfrosch im Tal. Keiner weiß, was aus ihm geworden ist. Im Herbst spülten heftige Regenfälle alle Straßen und Brükken weg. Die Hänge kamen ins Rutschen, denn es gab keine Pflanzen mehr, deren Wurzeln die Erde festhielten.

Es dauerte viele Jahre, bis im Froschtal wieder die ersten Gräser wuchsen.

Jopaas sitzt auf dem Hügel und schaut in sein Tal. Er freut sich, daß es nun fast wieder so schön ist wie früher.
„Ich werde hier bleiben", denkt Jopaas und springt durch das hohe Gras hinunter zum See.